MEDIDAS DE AMOR

MEDIDAS DE AMOR

Medidas de Amor

de
JOSÉ LLAMAS *MOLINA*

3

Y las miro lejanas mis palabras.
Más que mías son tuyas.
....

Ellas están huyendo de mi guarida oscura.
Todo lo llenas tú, todo lo llenas.

Antes que tú poblaron la soledad que ocupas,
Y están acostumbradas más que tú a mi tristeza.

Ahora quiero que digan lo que quiero decirte
Para que tú me oigas como quiero que me oigas.

Pablo Neruda.

ÍNDICE

AMO, LO SÉ

Amo, lo sé

y su piel me lo dice.

Me cuenta que siente mi alma

cuando nota mi tacto;

que se colma de estremecimiento

si mi aliento cabalga su espalda.

Y me habla la piel de su pecho

y la de su vientre.

Y me dice que es amor,

el amor que en mi piel reconoce,

lo que siente.

Lloro, lo sé
y sus labios me lo dicen.
Me cuentan que sienten mi alma
cuando escuchan mi llanto.
Es la sal, su confidente,
quien les revela mi ser,
cuando al besar mis ojos
enjugan mi rostro de sus lágrimas.

Y me dicen que es amor,
el amor que en sabor reconocen,
lo que sienten.

Amo y ella lo ve.
Sus ojos me delatan.
Diquelan mi esencia,
enyugan mi estancia.
Su mirada me acosa, me asedia,
me asalta y me somete.
O eso creo.

Mirarme es desnudarme,
secuestrarme.

Esos ojos suyos que,
conscientes de su aseidad,
descuajan mi sangre
con fugaz confulgencia.
Encumbran, aniquilan, restablecen.

Y es amor lo que en mí ven,
el amor que ella genera,
lo que sienten.

AMARÉ

Aun ganara cien vidas,
aun sufriera mil muertes
aun sanaran mis heridas
la amaré.

Amaré sus pasos,
amaré su ausencia
amaré su prisa, su impaciencia;
sus buenos momentos, los malos,
su fuente de luz,
su miel, su inteligencia.

Amaré sus labios,

amaré su frente,

amaré sus pechos y su vientre.

Amaré ¡ oh Dios! Amaré.

Amaré locamente.

Amaré con fuerza,

amaré su cuerpo entre mis brazos,

amaré rompiéndome en pedazos.

Amaré sus manos,

amaré sus dedos,

amaré su amor.

Amaré amando su interior

… y allí moriré.

Moriré una vez y sin fianza,

que amor no quiere prenda

ni muerte constancia.

Amaré hasta que amen las piedras,
amaré sus dedos,
amaré sus piernas,
amaré uno a uno sus cabellos.

Amaré ¡oh Dios! Amaré.
Amaré locamente.

Amaré sus ojos y sus dientes,
amaré hasta que me duela,
hasta que de amor me envuelva.
Amaré sus pecas,
amaré su lengua,
amaré sus brazos y sus cejas.
Amaré llorando lágrimas blancas
sobre la infinita suavidad de su espalda

… y allí moriré.

Moriré despacio y expectante,
mientras su presencia y mi partida
se endulzan en triste recuerdo.

Moriré para ella, moriré en un instante;
fundiré mi locura con su sueño
fraguando amor con eterno.

Yaceré y quedará mi alma,
y cubriré su piel encendida,
ganaré a la vida,
moriré de amarla.

SOL, AIRE Y TERNURA

Sol, aire y ternura.

Siga el mundo su curso incierto,

ande vos maquinando, conquistando,

poseyendo,

que yo a este lado, por ventura,

ni salto, ni grito, ni molesto.

    … Y pido al aire su brisa.

  Aire quiere el perfume en tu pecho

que le transporte, aire, a mis sentidos.

Venga como viento en templanza,

salga el ladrón de su lecho;

venga y cautive mi alma

con tu olor, aire, enriquecido.

Del aire su brisa,

de ti tú misma.

Del Sol quiero en tu talle su luz,

que no verte al tenerte es derroche,

y maldigo su ausencia y reniego la noche

que obscurece al Amor y le quita virtud.

Del Sol su luz,

de ti Tú.

De ti tu piel, tu verdad, tu ternura,

pues de ella emanas y de tal es tanta

que motivó en mí tal mudanza

que sorprendió la misma y su presura.

Ternura, aire, Sol y nos bastamos.

La ternura Tú, Tú el aire,

del Sol su luz

que de calor gozamos.

Amo el color de tu pelo,
amador soy de tu prestancia,
miel y algodón en consonancia
celosa hacen a Natura
para, volviendo en Primavera el Invierno,
emular así tu hermosura.

Mas craso error, maltratada Madre,
pues teniéndolo por muy sabido
que en amor y belleza no hay cuantía,
sean los celos para el Olimpo.
Nazca un deseo, fluya en el aire,
Ella y Tú en graciosa armonía.

Aire, Sol, ternura…

HA SUCEDIDO EL MONTE

Grita el cielo enloquecido,

girando el rostro,

al ver a sus pies, sin sentido,

la alfombra gris, gris ceniza,

de la vida pretérita, consumida.

Cruz de malvavisco en mi pecho,

vana misión,

loco empeño.

Esperanza asestada por el tiempo.

Hoy soñé con un futuro

al son de coros proyectos;

sirena que cantas mi llanto

al vaivén de olas de fuego.

Árbol de verde a gris,

gris a negro,

negra muerte, negro velo,

negros mi amor y tu cuerpo.

Cantemos fugaces e inertes

con pálidas voces cubiertas;

cubiertas las voces, los ojos cubiertos

de gris y cenizas.

Miénteme sirena, cántame,

vente conmigo a la sierra.

Viento que vuelas en loco

columpio maldito,

calma tu aire, cesa tu ritmo,

cambia a quietud tu alborozo

que tu danza aviva el fuego,

que tu danza a muerte siento.

Vuelve la lluvia a la cumbre,

vida que en muerte se torna

y vierte al torrente sus lodos,

dejándonos yermos y solos.

Canta sirena con sorna,

alumbra con luces de lumbre,

vuelve la lluvia a la cumbre,

vida que en muerte se torna.

No bajan al valle los lobos,

no llegan por agua,

ni corren las zorras, huidizas,

al grito de rama quebrada.

Ha sucedido el monte,

queda sucinto recuerdo;

piel marchita de un mundo

llagado de trágicos gestos.

ENTRE DOS TIERRAS

Nunca más prenderá

tu pasión entre mis manos.

El aire que otrora me alentaba

hoy me aplasta el pecho,

me asfixia sin remedio,

estrangulando un corazón

negro de pausa y olvido.

Jamás encontrarán mis

huesos consuelo entre tus

huesos, ni en

tus senos desecados

mi espina,

de tus besos astillada,

hallará el reposo de los tiempos.

Sin ti ni mis manos

ni sus huesos,

ni los huesos del resto

de mis restos, sin ti.

Sin ti los quiero en este viaje

solo y quieto.

Varado entre dos tierras.

Si abonanzar pudiera la muerte,

fuera mi tumba primera

regada con tus lágrimas.

NO ME BUSQUES, LIBERTAD

No me busques, libertad.
No preguntes mi destino,
si supiste donde habito
calla mi suerte y
olvida mi faz.

Sé quimera de otros pasos
y reliquia de otro altar,
que los hijos de mil
abortos inconclusos
ya no sueñan con los sueños,
ya no sueñan con soñar.
Ni dormidos porque no duermen
quienes tienen que luchar,
ni despiertos sueñan mis primos,
parapetos de sus vidas,
de la de sus padres y sus hijas.
No me busques, libertad.

Ni a mí ni a mis hermanos,

ni pongas flores en mis manos,

ni ramitas de olivo,

ni palomas de la paz.

Ya te he visto en otros pagos,

burlona y sometida

a carismáticos líderes,

defensores de la tierra,

amigos de los pobres,

profetas de la humanidad,

tributando finalmente tu fuero

al dios ubícuo y eterno,

poderoso caballero,

vareador de olivos,

vuelo fugaz.

No me busques, libertad.

CAPAZ

Capaz de robarle

a la noche su esencia

y raptar de tus ojos

la vida que fletan.

Soy capaz de valerme

por mí en mis tinieblas;

regresando airoso

de la vida estigia

que la sombra huida

de tu piel

me presenta.

Capaz soy.

Soy capaz de

sedarme al amor,

y a sus perlas truncadas,

de mi dios infrangible

con quilla de barro.

Capaz.

Capaz si puedo.

Capaz si muero.

Lo soy si algún día

me miras sin celos;

si brindas perdón

a cada pecado confeso.

Que estoy preparado

para el odio y castigo,

pero al perdón y al olvido…

acábome primero.

Capaz.

A LORCA

Parido en Fuente Vaqueros
nace en Granada entera,
entre el Albayzín y el Sacromonte,
Alhama y Toscana Nueva;
crecen sus primeros sueños
en el hermano Valderrubio,
entre chopos y arroyuelos.

Negros, gitanos,
mujeres bajo el yugo de sus tetas,
sexualmente redefinidos,
trágicos destinos,
agoreros y poetas;
todos en un medio que les niega
o les dicta su papel.
Pena que se tamiza por la piel
de quien huye la indolencia.

Quísose repetir la historia
trayendo consigo el infortunio
a quien difiere en la palabra,
de quien cuestiona lo asumido.
Mas volverá, gitano, tu recuerdo
donde jamás acampó el olvido.
Mal funeral podrán darle
a quien no dejará de estar vivo.

La casa de los Rosales,
último refugio de un cuerpo acosado
por una muerte fratricida;
desde donde salieron detenidos
el hombre, la palabra,
la libertad y la esperanza.

Tres compañeros, tres,
fueron de su postrer camino:
Un maestro cojo
y dos banderilleros.

Entre Víznar y Alfacar,

donde el monte se hizo coso

y los verdugos toreros.

Acabaron con el hombre

y nos robaron su palabra,

la que aún no nos dijo

y para siempre no nata,

entre Víznar y Alfacar.

Mas si, grácil, cayó sin batalla,

no pararán su latido, pues

mal funeral podrán darle

a quien no dejará de estar vivo.

AMANTE SINCERA

Como si la vida me importara.

Abro los ojos cada día

y miro indiferente la luz,

oro y miel,

que me regala la ventana.

Lleno mi pecho de un

gas inerte,

oliente ladrón de aromas silvestres,

que roba al monte cercano

su esencia, y esparce a granel

ubicuas alergias.

Tomo, devuelvo y retomo
ese aire vital que me niega la muerte,
soñada pasión, futuro presente,
que hace que cada mirada me duela
si no puede verte.

Como si la muerte me asustara,
si por el contrario clamo sus caricias;
que no hay otra piel que pueda entenderse
ni nada que llene el abismo
que cubre el vacío de tus gestos.

Ven convidada y siniestra,
sube al segundo derecha
de Agustina de Aragón treinta y siete.
En Granada te espera una fiesta.
Ya que no soy sin mi amada,
sé tú mi amante sincera.

NOCHE DE REYES

Noche de Reyes.
Fría noche en mi alma.
Sufro maltrecho el helor
de tu ausencia
a los pies de Sierra Nevada.

Vuelve, mi guapa andaluza,
que mi piel sin tu piel
no me tapa.
Vuelve y tráeme contigo,
retorna mi ser a este cuerpo.
Deja que Ubrique te llore,
sé mi regalo en Granada.

Espera el andén

sin mi pulso,

el tren que te trae al calor

de la Alhambra.

Magia de Reyes y Dioses,

callada estación,

quieta el alma.

Dulce silueta en la noche

de viejos vagones recortada,

cruza entre incienso

la vía,

inunda mi olfato de olores,

se llega a este lado mi vida.

…Y una cajita menuda

envuelta en papel de regalo,

en azul, oro y fantasía,

te trae de la mano.

GRANADA LA TIENE CAUTIVA

Detrás de su aliento,

junto a sus sueños.

Pegados

piel y cuerpo.

La veo cada vez que

cierro mis ojos.

Imposible no parpadear.

Tan lejos, tan cerca.

Granada la tiene cautiva.

La asedio a sus puertas,

reclamo mi vida.

Y en tanto la ciudad
no sucumbe,
la sigo teniendo en mis sueños.
Besando cada uno de sus rincones,
navegando por su piel,
abrazado a su añoranza.

Ríndete, Granada, al amor
y entrégame a mi amada.

NINFA DE LA SIERRA

Si el viento cesa
no volverán tus lamentos,
si calla la mar
Cádiz sabrá de mi llanto.

Pintaré los pinsapos de su sierra
de churdón y dulcedumbre;
hundiré mis esquejes en sus pueblos
orgullosos y recogidos.

Bajaré de nuevo a la bahía
para escuchar tu canto a barlovento,
y si sopla levante cálido
dejaré que acaricie mi rostro
y cunda tu ser en mi pecho.

Prieto el corazón por tu presencia
huyo presto e inmóvil,
repujado el aliento.

Náyade de las fuentes,
ninfa de la sierra,
recoge las velas henchidas de este
viejo corazón de galera.

TIZNADOS DE AMOR

Quiero blancos los pañuelos
blancos quiero los soles, los sueños.
Blanca luna que me duerma,
estrellas blancas, dulces besos.

Quiero blancos los mulatos,
a los blancos de piel,
a moros y de pieles negros.
Blancos tiznados de amor,
blancos de leche de madre,
blancos de arrullo materno.

Quiero blancos los garbanzos
las manzanas y sus cestos.
Blancas tus manos tendidas,
blancas las noches de invierno.

CÓMO HABLAR DE TUS OJOS...

Cómo hablar de tus ojos
sin que el Cielo se ofenda.
Cómo explicar,
 para que el mundo lo entienda,
que no es casual mi locura.
Qué sentido tiene la luz.
Qué vale el Sol si los cierras.

Qué reflejará la Luna
cuando ya no la mires;
qué será de su magia.

Quién podrá prender

de nuevo las estrellas

si tu amor dormita una noche,

cansado, roto,

y deja de soñarlas.

Dónde mirarán

cuando ya no me miren.

Cómo quedará mi pecho vaciado.

Sin vida no quiero vida.

Sin Dios ¿¡Qué pinta un diablo?!

QUÉ ME DAN TUS OJOS

Qué me dan tus ojos
que no me da otro aliento,
ni el pan, ni el aire,
ni puede la sangre suplir su riego.

Me dan y me quitan
vida, luz y sosiego.
Necio, reclamo a tus labios
que calmen el ansia
que asola mi cuerpo.

Torpe, mi súplica elevo
a tu boca traidora
que, en vez de solaz,
reaviva el mortal
tener algo de ti.

Y me dan y me quitan
paz, fuerza y talento;
pues soy el idiota
que nunca nadie ha sido,
pues sé de medidas de amor
que abarcan lo que un sueño.

El sólo pensar que me miran
es fuego que hierve en mi mente,
poder tener tanto de ti.

CUANDO LLUEVE

Como el agua te siento.

Eres tú cuando llueve.

Besas mi pelo con un beso;

besas al caer mis ojos, mi boca,

besas mi cuello.

Besas con un beso húmedo

cada desierto en mi cuerpo.

Labio a labio, beso a beso.

Como al agua te quiero.
Bebo tu frescura,
trago tu esencia
y apago mi fuego.
Sacio la sed que me causas
con los sorbos de tu piel.

Bebo la lluvia,
sé que estás en cada gota,
cubro mi piel con tu cuerpo.
Nubes te traen caprichosa
y escancian a cántaros
tu miel.

Sé que eres tú cuando llueve
aunque digas al mundo que no.

MARIPOSAS EN TUS OJOS

I

Tuyos son los colores.
Tuyo es el blanco, la luz,
y el negro de la noche.
El azul del mar
y el verde de los bosques.

II

Tienes en tu piel
el tostado de la miel
y el dorado de la campiña.

III

Qué bien me sienta tu amor
qué bien se me da quererte.
Bebe de la fuente de mis versos,
yo tus besos de su fuente.

TU AMOR DESPACITO

Abrasa, mi amor,

mi lengua.

Derrite mi voz

con tu nombre

e inventa, de nuevo,

un amante digno

de un sufrimiento

de dioses.

Tortura es

tu amor despacito

que no enseña final que

lo perfile.

TIEMBLO DE AUSENCIA

No puede verte mi amor
si estás a este lado.
Mis hojas sueñan el aire
y temen, caducas,
la noche de todos los vientos.

Tiemblo de ausencia
si oigo tus huellas,
restos de estancias perdidas,
huecos de aire en la piedra,
que anuncian que sólo el recuerdo
podrá poseerte en su seno.

Mientras, nutres de ritmo
el futuro entre campos
de trigo y viñedos,
de los valles de La Solana
y el condado de Lerín.

POR CADA AMOR QUE NO DIJE

De día. Cada día
me siento a esperar
a que llegue la tarde.
Con la tarde la noche.

De noche. Cada noche
cuento las ausencias;
una por cada palabra
que no escucho,
otra por cada beso
que no siento.
Sumo, sigo y sumo.
Una por cada amor que no dije,
la otra yo, ser incierto.

EXPLOTAS EN MI BOCA

Naranjas.

Te muerdo y explotas

en mi boca

como una naranja.

Golpeas súbita mis papilas

que despiertan exultantes

como en un carnaval

de aromas y sabores,

cálido y húmedo,

haciéndome temblar

cada pliegue

en mi cerebro.

DE CEREZA

Hundo mi mano, revuelvo y
acaricio un cestito de cerezas.
Nada más parecido a tu piel.
De cereza limpia, roja y tersa.

Sujeto sobre mi boca su balanceo,
después de besarla
media docena de veces
la mordisqueo otro tanto
con ciega pasión.

Siento erizarse el cuerpo y
se pierde mi vista hacia adentro.
Apareces tú.

EL UREDERRA Y TÚ

Tú eres la naturaleza,
yo un río.

Hoy vuelvo a las Améscoas.
vuelvo a la Sierra de Urbasa,
a este cielo azul plomizo
pintado de haya y roble,
verde, rojo, ocre, amarillo
fuego encendido en matices.

Blanco pintón Urederra
subo bordeando el río,
frágil equilibrio en verano,
robusto en el deshielo.

Luz que tamiza el frondoso
bosque que sobreabunda en
fuerza, vida y sosiego.

Lecho blanco, arañones silvestres.
Hoy, como ayer,
vuelvo a afirmar mi pasado;
hoy, como ayer,
vuelvo a quererte.

ROSAS DESDE LA ESPEZANZA

Rosas desde la esperanza.
Llueven pétalos y espinas,
cubren el cierto camino
que ha de llevarme a casa.

Notas sostenidas guían
el compás ansiado del retorno.
Flores de blanco y sueño,
cantos de azul y ceniza
rasgan mis pies como vidrios,
sangra mi piel de añoranza.

ME VOY A ROMPER

SOBRE TI ESTA NOCHE

Me voy a romper

sobre ti esta noche,

como una ensalada de amor.

Me voy a enroscar en tu cuerpo

de arrope.

Te voy a trenzar conmigo.

Te querré a la intemperie

y te sorberé

tibia como la mañana.

Serás mi internado, mi jornada,

seré yo tu jornalero.

Me daré sin retén,
seremos concatenados.

Me voy a romper
sobre ti esta noche.
Rasga el fértil cuero,
fájame con tus brazos.
Ponme de ti
como de una pomada
úntame todo.

Sea esta unión,
si tu quieres, conceptiva
de un futuro asomado
al alféizar de tu pecho.

Me voy a trenzar contigo
y haré tu alma invulnerable.